XIAOYUAN ZHIHUI
XIAOMOFANG CONGSHU

校园
智慧小魔方丛书

风靡校园的
数独游戏

本书编写组◎编

世界图书出版公司

广州·上海·西安·北京

图书在版编目（CIP）数据

风靡校园的数独游戏／《风靡校园的数独游戏》编
写组编 . —广州：广东世界图书出版公司，2010.7（2021.5 重印）
ISBN 978－7－5100－2496－2

Ⅰ．①风… Ⅱ．①风… Ⅲ．①智力游戏－青少年读物
Ⅳ．①G898.2

中国版本图书馆 CIP 数据核字（2010）第 147778 号

书　　名	风靡校园的数独游戏	
	FENGMI XIAOYUAN DE SHUDU YOUXI	
编　　者	《风靡校园的数独游戏》编委会	
责任编辑	冯彦庄	
装帧设计	三棵树设计工作组	
责任技编	刘上锦　余坤泽	
出版发行	世界图书出版有限公司　世界图书出版广东有限公司	
地　　址	广州市海珠区新港西路大江冲 25 号	
邮　　编	510300	
电　　话	020-84451969　84453623	
网　　址	http://www.gdst.com.cn	
邮　　箱	wpc_gdst@163.com	
经　　销	新华书店	
印　　刷	北京兰星球彩色印刷有限公司	
开　　本	787mm×1092mm　1/16	
印　　张	13	
字　　数	160 千字	
版　　次	2010 年 10 月第 1 版　2021 年 5 月第 10 次印刷	
国际书号	ISBN　978-7-5100-2496-2	
定　　价	38.80 元	

前　言

2004 年底，一种名为数独的数字拼图益智游戏开始风靡欧洲，在短短的几个月内，这种游戏令很多人为之疯狂，而且席卷了整个世界。

数独游戏是一个随手拿起笔就能玩的游戏，电脑上能玩，手机上能玩，纸上更能玩。数独游戏相当有趣，几乎每个玩过的人都会上瘾。从澳大利亚到克罗地亚，从法国到美国，各家报纸杂志纷纷刊登这种填数游戏。在英国，数独不仅已发展成全民游戏，还有教师主张用它来训练学生的脑力。如今，数独这场智力旋风正劲吹我国，逐渐成为我国广大数独爱好者追逐的时尚，为国内开创了一种崭新的智力休闲生活方式。

数独规则简单，不需要填字游戏所要求的语言和文化背景知识，只需要认识 9 个数字就能够开始"冲锋陷阵"，因而它能大受欢迎也就不难理解了。数独非常富于变化，可以说变化是极其之多，据统计，数独游戏有近 66 万亿亿种变化，游戏者穷其一生，也无法破解所有的数独谜题。

数独游戏对少年儿童的益处极大，它可以有效地锻炼观察能力、逻辑能力、推理能力和思维能力，同时也是对毅力的一种考验。往往有时明明看到前面是山穷水尽疑无路时，变个角度，换种思维，坚持下去，极有可能换来的就是柳暗花明又一村的全新格局，数独游戏展现的就是这种独特的魅力，正是这种独特的魅力才使玩者欲罢不能，深陷其中。

为了推动数独智力游戏蓬勃健康迅速的发展，本书编委会多方搜集资料，精心编排，汇编了这套《校园智慧小魔方丛书》，以广大数独爱好者。

　　本书系有五本书，分别是《简简单单玩数独》《风靡校园的数独游戏》《越玩越聪明的数独游戏》《数独游戏进阶测验》《青少年最喜欢的数独游戏》。

　　本书是此套书系之《风靡校园的数独游戏》，分阶设题，层层深入，适合各年级学生练习。

　　受视野和水平所限，书中不免有些不足，不足之处，敬请读者批评指正。

目 录
CONTENTS

校园热身篇

第 1 题

难度系数　★☆☆☆

	7	9	3					
	8		4			7	6	9
	5	6	9			4		3
						9	4	5
2	6	4						
8		7		5		6	3	
5	4	3		6			2	
				7		5	9	

第 2 题

难度系数　★ ☆ ☆ ☆

1	2	3	4	5				
	6	7	8					
		9					5	
			7			6	4	9
	8			3			1	
9	1	6		2				
	7					1		
					4	3	2	
				9	8	7	6	5

来，先热热身吧！

第 *3* 题

难度系数　★☆☆☆

7								9
		8	5		4	3		
	5	1				4	2	
	1			5			8	
			9	2	3			
	4			7			6	
	8	7				5	1	
		5	6		8	2		
6								4

来，先热热身吧！

第 **4** 题

难度系数　★ ☆ ☆ ☆

		5				8	3	1	
	8		7						5
9				1			6		4
	6				7				1
		8				2			
5			6					7	
2		1		5					8
3					6		9		
	7	6	1			4			

来，先热热身吧！

第 5 题

难度系数　★☆☆☆

					7	4	3	
			1	6	9			5
	1	3		4	2	6		
3					7			
5								2
	8					5		
5	6	2		3	8			
9	3	1	4					
8	2	7						

来，先热热身吧！

第 6 题

难度系数　★☆☆☆

7	1						9	5	
		5			9			4
		6			7			3
	2			8		6		
	3		1			7		
	4		3			8		
9		5			1			
8		4			2			
	5	4					9	8

来，先热热身吧！

难度系数　★☆☆☆

3								6
		5				4		
	2		5		8		7	
6				7				2
		3		1		5		
5				9				4
	8		4		1		9	
		7				6		
4								3

来，先热热身吧！

第 8 题

难度系数　★☆☆☆

	5	8				4	9	
3			2					8
9			4					6
8					9	6	3	
	2	9	5					7
6					4			5
4					8			3
	7	3					2	8

来，先热热身吧！

第 9 题

难度系数　★☆☆☆

		2					1	7
	9		5					4
1		8		3				
	4		6					
		6				3		
					2		5	
				8		9		1
3					4		2	
2	1					7		

来，先热热身吧！

第 10 题

难度系数　★ ☆ ☆ ☆

1	2	3				4	8	5
		4						3
		5						6
		6	7	8	1			
7					2			
8					3			
2	3	9			4	5	6	7
		7						8
		8	3	6				9

 来，先热热身吧！

第 11 题

难度系数　★☆☆☆

				8	4	7		
	6	8	2				5	
9					1		2	
2		1					9	
8								6
	4					1		3
	2		1					5
	5				6	9	4	
		3	9	2				

来，先热热身吧！

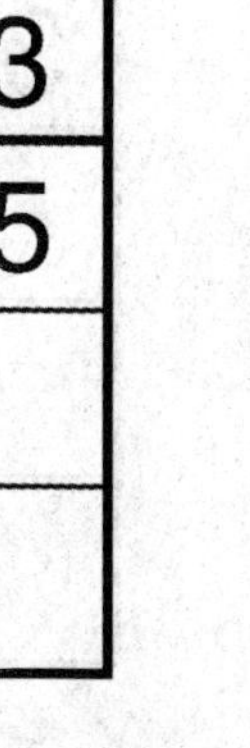

第 12 题

难度系数　★ ☆ ☆ ☆

6					4		7	
	5		6			9		
		9			3		2	
	4		2					8
3					7		5	
	9		8		5			
		7			6		3	
	8		7					4

来，先热热身吧！

第 *13* 题

难度系数　★☆☆☆

	2			8			4	
8					4			6
					3			
	8	7		3				
9			7		6			4
				5		3	2	
			9					
4			6					9
	5			2			6	

来，先热热身吧！

第 14 题

难度系数　★ ☆ ☆ ☆

1	7							3
2				6	4	7		
		8	2				9	
		9			4		5	
	4		1			3		
	1				7	8		
	3	6	4					9
5							2	6

来，先热热身吧！

第 *15* 题

难度系数　★☆☆☆

	7						4	
1	9			4			6	2
				5	3			
	2							
	6	5		9		3	7	
						9		
			9	2				
	2			7			9	1
7	3						8	

来，先热热身吧！

第 16 题

难度系数　★ ☆ ☆ ☆

2		8		7		5		9
9				3		1		7
	4						1	
			1	2	3			
	9						5	
7			4		9			6
4		6		8		2		1

来，先热热身吧！

第 17 题

难度系数　★☆☆☆

	1			9		8		
		6	3					5
7					2		6	
		7					8	
9								2
	8					1		
	3		8					1
2					6	9		
		5		1			7	

来，先热热身吧！

第 18 题

难度系数　★ ☆ ☆ ☆

7			2	1			5	
		4	3				9	7
	6	5			9			
8	7				1	4		
9								1
		6	8				3	2
			1			5	4	
5	2				7	6		
	4			9	8			3

来，先热热身吧！

第 19 题

难度系数　★☆☆☆

7	8				5			
	9	2			6		8	7
				3	7		2	5
6	1	7						
	2			4			5	
						1	9	2
8	4		1	5				
3	5		6			4	1	
			9				6	3

来，先热热身吧！

校园热身篇

XIAOYUAN RESHEN PIAN

SUDOKU

第 20 题

难度系数 ★ ☆ ☆ ☆

	7				6	1		
		2			3		4	
	4		5					8
		1					5	2
			4		7			
8	9					3		
3					1		7	
	5		9			2		
		7	8				9	

来，先热热身吧！

第 21 题

难度系数 ★☆☆☆

		1						
	9		2			8		5
4		5			7		3	
	8			9		4		
			3		2			
		7		4			5	
	4		7			9		6
2		3			1		8	
						7		

来，先热热身吧！

第 22 题

难度系数　★ ☆ ☆ ☆

2			4	8	3			6
3		6				2		8
	5						1	
		8				3		
	4		1		6		2	
			8		4			
		5				9		
	1			7			3	
		2	5		9	1		

来，先热热身吧！

第 *23* 题

难度系数　★☆☆☆

5						8	7	
4				8				6
	3	2			4			5
						2		
	7			1			3	
		8						
2			5			9	6	
3				7				2
	9	6						3

来，先热热身吧！

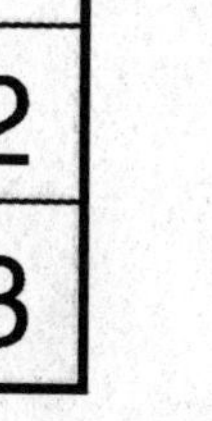

第 24 题

难度系数　★☆☆☆

				4	5	6		
			8					
	5	3				8	9	
7				6				4
8		4				2		5
9			7					6
	8	6				4	1	
					1			
		1	2	3				

来，先热热身吧！

第 *25* 题

难度系数　★☆☆☆

	9			1		5		
		3			6			7
1			4				2	
	8					6		
2								3
		6					7	
	4				9			6
5			3			8		
		7		2			1	

校园热身篇

XIAOYUAN RESHEN PIAN

来，先热热身吧！

第 26 题

难度系数　★ ☆ ☆ ☆

			7	8	9		4	
	1							5
			2			3		
1		2			3			6
3			9			8		7
	9			8				
2							7	
	4		3	2	1			

 来，先热热身吧！

第 27 题

难度系数　★☆☆☆

2				3	9			
	4	8				3	6	
		8	5					
				6	1			
9	2						4	7
	3	2						
			9	7				
	5	9				4	1	
		1	2					8

来，先热热身吧！

第 *28* 题

难度系数　★☆☆☆

		1						
	6	2	3				4	
		7				9	8	1
				7			5	
			6	8	4			
	2			9				
9	7	3				8		
	5				2	6	1	
							7	

来，先热热身吧！

第 **29** 题

难度系数　　★☆☆☆

5		3		8		1		4
	9			2			8	
					6			7
3		8						
	1			7			4	
						6		2
1			6					
	4			3			2	
2			7			3		9

来，先热热身吧！

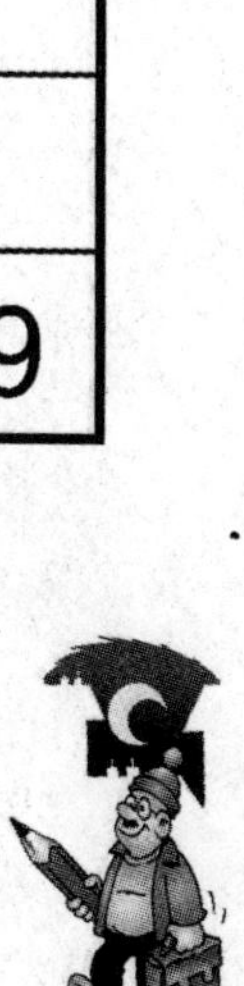

第 30 题

难度系数　★☆☆☆

			6	8				
	7	1				9	4	
3				4				
	5			7	9			3
	2						8	
9			3	1			6	
			9					8
	8	4			3	1		
				6	8			

来，先热热身吧！

第 *31* 题

难度系数　★ ☆ ☆ ☆

						4		
			4			2	8	
8			3	6		5		
3	9		8					
2								6
					5		4	7
		6		7	2			5
	7	3			9			
		2						

SUDOKU

校园热身篇

XIAOYUAN RESHEN PIAN

来，先热热身吧！

第 32 题

难度系数　★ ☆ ☆ ☆

	4			7			2	
		7	8		6	5		
9								4
	2		1				8	
		3				9		
	8				5		3	
7								6
		6	5		9	8		
	5			2			4	

来，先热热身吧！

第 *33* 题

难度系数　★ ☆ ☆ ☆

	7			1			6	
4								8
		1	2		3	4		
		2	1		4	3		
6								7
		5	6		7	8		
		6	5		8	7		
2								3
	1			4			5	

来，先热热身吧！

第 *34* 题

难度系数 ★ ☆ ☆ ☆

			3			7	5	
1	2		4					6
		5						1
	6		8	9				
	7						3	
				1	2		4	
9						5		
7					6		8	9
	8	3			7			

来，先热热身吧！

校园实践篇

第 *35* 题

难度系数 ★★☆☆

					1	8	6	
5			2			9		
	8	1						
					7	3	2	
	2			5			4	
		6	1					
						1	9	5
		8			4			2
			6	2				

第 *36* 题

难度系数　★★☆☆

1						3	9	
					7			
	8	9				4		
5			2				7	
4				9				6
	7				6			8
		5				9	6	
			8					
	2	6						5

感觉怎么样，还顺利吗？

第 37 题

难度系数　★★☆☆

2				8				
	7		3			6		
		5			4		2	
				9				2
	3						5	
4				6				
	6		9			4		
		1			5		8	
				7				3

感觉怎么样，还顺利吗？

第 *38* 题

难度系数　★ ★ ☆ ☆

		2		5			1
			8			2	
1					3		4
	2		5				
4		3		6			8
		4		7			
1	5					8	
6		2					
7		4	1				

感觉怎么样，还顺利吗?

第 *39* 题

难度系数　★★☆☆

5				1				9
			2		3			
8		6				4		1
	6						7	
		8				2		
	7						1	
4		5				6		7
			8		9			
1				7				8

感觉怎么样，还顺利吗？

第 *40* 题

难度系数 ★ ★ ☆ ☆

	1			9				5
6	2						3	
		7			8	4		
		2				8		
4								7
		5			1			
		6	7			5		
	3						9	2
1				3			6	

感觉怎么样，还顺利吗？

第 41 题

难度系数　★★☆☆

				6				
		1		9		4		
	2							3
2			6		3			4
		4				5		
9			5		1			7
	6						8	
		5		1		9		
				8				

感觉怎么样，还顺利吗？

第 42 题

难度系数　　★ ★ ☆ ☆

					5	2	6		
3			6				8	
	1	4						
					8	3		
	9			4			6	
		7	3					
						7	4	
	4				1			9
		5	8	6				

感觉怎么样，还顺利吗？

第 43 题

难度系数　★★☆☆

					8	4		
		5	6		2			
3			9				7	
4	7					3	6	
	6	2					1	5
	5				7			2
			3		1	7		
		6	4					

感觉怎么样，还顺利吗？

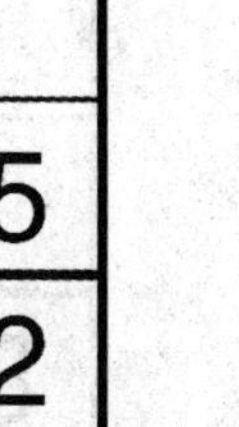

第 44 题

难度系数 ★ ★ ☆ ☆

	3							
		1				2		
4			7		6			8
	6			7			2	
		3				1		
	4			9			5	
8			5		4			6
		5				9		
							7	

感觉怎么样，还顺利吗？

第 45 题

难度系数　★★☆☆

		8				7		
	3		2		4		1	
5				8				4
	6						8	
		7		3		5		
	1						2	
6				4				3
	2		7		3		9	
		9				2		

感觉怎么样，还顺利吗？

第 46 题

难度系数　★★☆☆

8			6					
	2	9			3	4		
			7				5	
	5							
7			9		4			8
							6	
	1			3				
		6	5			9	7	
					8			2

感觉怎么样，还顺利吗？

第 47 题

难度系数　★★☆☆

						4		
	1	2	3		4			
6				1				7
7			2				4	
8		1				5		6
	6				5			8
9				2				5
		8			1	3	7	
	7							

感觉怎么样，还顺利吗？

SUDOK

校园实践篇

XIAOYUAN SHIJIAN PIAN

第 48 题

难度系数　★ ★ ☆ ☆

				4				
					9	6	3	
		1	2				8	
		3	4				2	
9				5				4
	8				6	7		
	5				8	9		
	6	2	7					
				3				

感觉怎么样，还顺利吗？

第 *49* 题

难度系数　★★☆☆

6			3				2	5
								3
		2	8					
		7	4					1
	5			2			3	
9					7	8		
					4	7		
2								
1	3				5			9

感觉怎么样，还顺利吗？

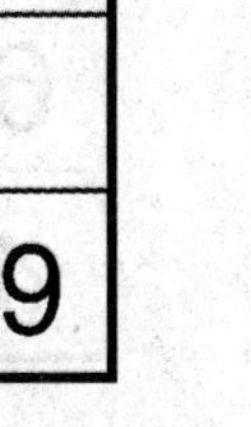

第 50 题

难度系数　★ ★ ☆ ☆

1	8					2		4
			5					3
7					6			
		4					9	
				2				
	7					3		
			3					1
6					8			
4		9					6	7

感觉怎么样，还顺利吗？

第 51 题

难度系数　★★☆☆

	8				4		5	
3								2
		9	8		6			
		4	5			3		1
9		3			2	5		
			4		5	6		
1								7
	2		1				8	

感觉怎么样，还顺利吗？

第 52 题

难度系数　★ ★ ☆ ☆

						4	3	
	9				5	7		
		2					9	5
	8	9					2	3
6	4				7	8		
7	5				6			
		4	8				6	
		2	3					

 感觉怎么样，还顺利吗？

第 53 题

难度系数　★★☆☆

				4		7		
	2			1			6	
	5				8			9
1			6			5		
7								4
		8			3			2
3			8				9	
	4			5		1		
		9		2				

感觉怎么样，还顺利吗？

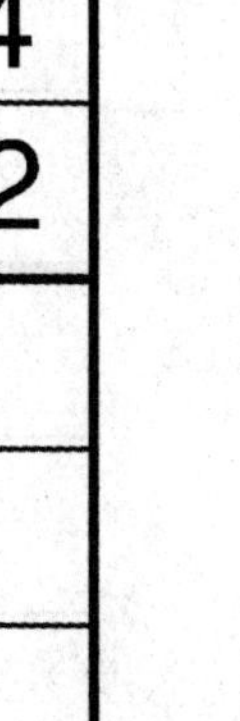

第 54 题

难度系数　★ ★ ☆ ☆

					5	4		
	8	1					7	
3			9				1	
6					5			
	2			6			3	
		4						2
	4				1			6
	7					3	8	
		2	6					

感觉怎么样，还顺利吗？

第 *55* 题

难度系数　★★☆☆

		7					4	2
	5	9						1
8	3				2	5		
					5	1		
		6	4					
		3	7				6	4
5						8	3	
6	7				9			

感觉怎么样，还顺利吗？

第 56 题

难度系数　★ ★ ☆ ☆

		2			1			
3			7			8	4	
						3		5
	1		9					
9	6			7			2	4
				4		6		
5		7						
	3	4			8			9
			2			1		

感觉怎么样，还顺利吗？

第 57 题

难度系数　★★☆☆

	5						4	
2	4						3	6
			7		1			
	4	8		6	2			
	6	1		2	9			
		9		7				
9	8						6	1
	6					7		

感觉怎么样，还顺利吗？

第 58 题

难度系数　★ ★ ☆ ☆

3				6				9
	5		9		2		3	
		6				7		
	3						9	
	8		6	2	3		7	
	1						6	
		4				1		
	2		5		7		4	
9				8				3

感觉怎么样，还顺利吗？

第 *59* 题

难度系数　★★☆☆

					2			
	6			5		3		
4		8					9	
			3					2
9		1				5		4
8					6			
	5					7		8
		7		9			4	
			6					

感觉怎么样，还顺利吗？

校园实践篇

XIAOYUAN SHIJIAN PIAN

第 *60* 题

难度系数　★ ★ ☆ ☆

	2			6				5
		5	8				7	
8							4	
	7				5			4
		2		8		3		
3			6				1	
	1							8
	8			2	9			
6				9			3	

感觉怎么样，还顺利吗？

第 *61* 题

难度系数　★★☆☆

8								
	4						2	
	6		7		5			3
	9			3				4
7			8		9			5
2				5			6	
9			6		2		7	
	3						8	
								9

感觉怎么样，还顺利吗？

第 62 题

难度系数　★ ★ ☆ ☆

5			7		8			
	4					2		5
				6			4	
6			8					
	3					6		
					1			9
	1		2					
4		2					8	
		6		5				3

感觉怎么样，还顺利吗？

第 63 题

难度系数　★★☆☆

		9		6			7	
5			3					
					2			8
		2		8			9	
6			1		4			3
	7			3		1		
2			6					
					1			5
	9			7		4		

感觉怎么样，还顺利吗？

第 64 题

难度系数　★★☆☆

2	6				7	5		
4				1			8	
	5			4				3
		1				2		
3				8			9	
	2			9				1
		8	2				3	5

感觉怎么样，还顺利吗？

第 *65* 题

难度系数　★★☆☆

3								6
		7			4	5		
	5		1				2	
	4		7		5	3		
		6	2		9		8	
	3				8		6	
		1	5			4		
2								7

感觉怎么样，还顺利吗？

第 66 题

难度系数　★ ★ ☆ ☆

	8					2		
7		9						
	3		2			6		4
		5		7				
			3		6			
				2		1		
6		2			9		7	
						3		5
		4					8	

感觉怎么样，还顺利吗？

难度系数　★★☆☆

	2	4	8	6	1			
1	7			2				5
7		1			3		8	
9				5				4
	8		9			5		1
3				8			1	7
			6	9	2	4	5	

校园实践篇

XIAOYUAN SHIJIAN PIAN

感觉怎么样，还顺利吗？

第 *68* 题

难度系数　★ ★ ☆ ☆

		1	3		9	7		
7								6
5	6						1	8
	4		6	9	3		7	
				5				
	7		4	8	2		5	
6	3						8	1
2								9
		4	9		1	3		

感觉怎么样，还顺利吗？

校园提高篇

第 69 题

难度系数　★★★☆

			6	8				9
	4						6	
3						4		
7					1			
	2		5			1		
		7					8	
	3						2	
9						3		
8				9	5			

第 **70** 题

难度系数　★ ★ ★ ☆

		9					3	
3				6	2			
	7	4				8		5
	2					4		
	5						2	
	8						6	
4		2			7	3		
			9	2				8
	3					6		

努力，相信你能行！

第 71 题

难度系数　★★★☆

		5	7					
	4			1				2
	6			9			3	
		7	4				9	
2								1
	3				8	6		
	5			6			7	
1				3			4	
					2	5		

努力，相信你能行！

第 72 题

难度系数　★ ★ ★ ☆

							6	
	2	7	1	8				4
	8							
	3		4	1	8	6		
	5		3					
			5		6	3	9	1
			8		1			
3					7		8	2
	9				3		5	

努力，相信你能行！

第 *73* 题

难度系数　★★★☆

		1					3	
	7					9		8
4				1			2	
			6		3			
		3		9		5		
			5		4			
	8			7				4
1		2					5	
	5				6			

努力，相信你能行！

第 74 题

难度系数　★★★☆

				5	6			8
	7					3		
4			8				1	
		8			2			5
5				4				
9			7			6		
	4				8			7
		5					4	
3			6	2				

努力，相信你能行！

第 75 题

难度系数　★★★☆

3			4		5			
	5			3			7	
6							4	
		7			6			
4	1			9			6	3
		5				8		
	2							9
	6			7			2	
			1		3			7

努力，相信你能行！

第 76 题

难度系数　★ ★ ★ ☆

		1	7					
					1	4		
8			6				5	
4				7		3		
	3		8		9			
6		1						7
3			2					9
	9	6						
				4	8			

努力，相信你能行！

第 77 题

难度系数　★★★☆

			1		2			
		3				4		
	5						6	
	7						8	
	9						1	
1			3		4			2
7								3
	3	1		5		7	2	
		8				5		

努力，相信你能行！

第 78 题

难度系数　★ ★ ★ ☆

	8			4			5	
5			1		9			4
		9				8		
	6						9	
2								7
	3						2	
		8				2		
6			7		5			1
	4			1			7	

 努力，相信你能行！

第 79 题

难度系数　★★★☆

					4	9	3	
	1				8			
					2	4	6	
								5
3	4	5			6	7	8	
2								
	9	8	3					
			2					1
	7	5	9					

努力，相信你能行！

第 80 题

难度系数　★ ★ ★ ☆

		1				4	2	9
					2			7
7					6			3
					4	7	6	
	5	4	3					
3			6					4
8			1					
5	7	2				1		

努力，相信你能行！

第 *81* 题

难度系数　★★★☆

			9	1	4			
		9					1	
	7						3	
1								3
	6		2		8		7	
		3		5		9		
				4				
		4		8		6		
			7	6	3			

努力，相信你能行！

第 82 题

难度系数　★ ★ ★ ☆

					1			
	5		7	6				
	3	2				8	4	
1	4					3		
	8						2	
	6						9	7
	5	2			4	6		
		5	9		1			
		7						

努力，相信你能行！

第 *83* 题

难度系数　★ ★ ★ ☆

				4	7			
2	6						8	
			3				5	
		8	9					
5				8				3
					6	4		
	4				8			
	3						9	2
			5	2				

努力，相信你能行！

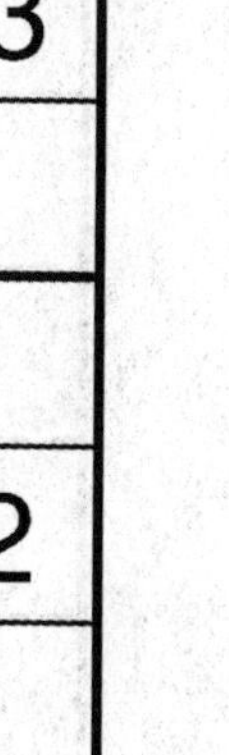

第 *84* 题

难度系数　★★★☆

	1		2		8		3	
	3		5		7		1	
	4		1		3		2	
2	3	4	5	6	7	8		
	1		2		3			
	2		3		9			
	4		8		6			

努力，相信你能行！

第 85 题

难度系数　★★★☆

				3				
	8	2		6		4	9	
5				9				1
3								7
			4		6			
6								8
1				5				4
	4	6		7		9	2	
				4				

第 86 题

难度系数　★★★☆

							1	2
7			1	2				
2		1			3	4		
	2						5	
	3			1			6	
	4					7		
		5	6			8		1
				7	8			3
9	8							

努力，相信你能行！

第 87 题

难度系数　★★★☆

6				1			5	
	3					4		
		9			3			
	1			2			3	
			4		6			
	7			8			9	
			9			5		
		1					6	
	2			4				9

努力，相信你能行！

第 *88* 题

难度系数　★ ★ ★ ☆

					5			2
	1			6			3	
2			7			8		
		8			9			
	9			2			1	
		1				2		
		6			3			9
	5			4			8	
4			5					

努力，相信你能行！

第 *89* 题

难度系数　★★★☆

		7					5	
		2				7		3
	8		9					1
	9		7					8
	1					6		
6				8		4		
2				6		8		
5		9				3		
	7					4		

努力，相信你能行！

第 90 题

难度系数　★ ★ ★ ☆

				6		4		
			5				8	
		9			7	3		
6		3					2	
1			4		6			9
	7					8		5
		7	1			6		
	5				9			
		8		2				

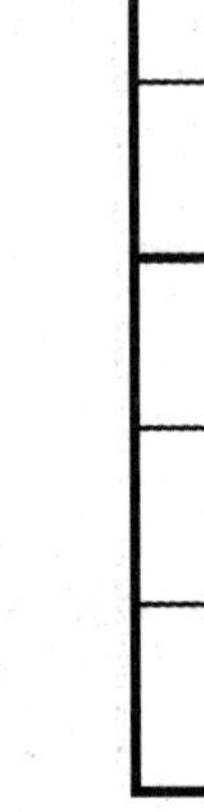

努力，相信你能行！

第 *91* 题

难度系数　★★★☆

3			5			1		
	7				3			9
		1		2			8	
	1					7		
2								6
		3					5	
	4			3		5		
5			7				2	
		6			4			1

努力，相信你能行！

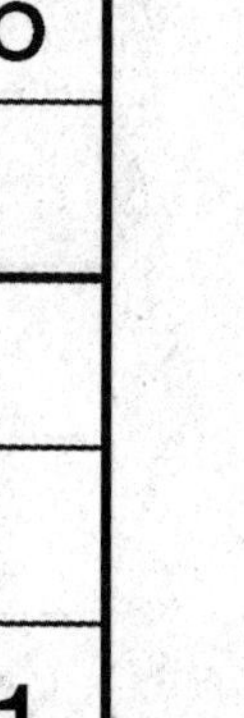

SUDOKU

校园提高篇

XIAOYUAN TIGAO PIAN

第 **92** 题

难度系数　★ ★ ★ ☆

3								4
		9		7		3		
	2		8		4		1	
		6				8		
	9						2	
		4				7		
	1		9		2		8	
		3		6		5		
4								7

努力，相信你能行！

难度系数　★ ★ ★ ☆

3				5				
	6		2					
		1				8	6	
	4				7			5
2				1				6
8			3				7	
	9	5				1		
					6		4	
				8				2

努力，相信你能行！

第 94 题

难度系数　★ ★ ★ ☆

		1			9	5		
7				6			9	
	9	2		8				
			4			3		8
	5						1	
1		6		3				
		3			7			
	6		2					1
	5	9			4			

努力，相信你能行！

第 95 题

难度系数　★★★☆

		7					9	
			1				4	3
2				6				
	4				3			
		6				2		
			7				1	
				2				7
3	8				5			
	9				8			

校园提高篇

XIAOYUAN TIGAO PIAN

努力，相信你能行！

第 *96* 题

难度系数　★★★☆

9					8			
	8						2	
	4	5	6	7				
	2	3						8
	1				5			
7				9	3			
			3	6	4	7		
	5				6			
		1					9	

努力，相信你能行！

第 97 题

难度系数　★★★☆

			8				4	
	1		7				6
3				9			8
6			4		9		
5			3		2	
7			2			5
5		6			7	
4			2		3		
2			5			

努力，相信你能行！

第 *98* 题

难度系数　★ ★ ★ ☆

1						8		
		5		3		9		
	3		8					7
9						5		
	2		7		3			
5						4		
8			3		6			
	4	2		8				
	7							1

努力，相信你能行！

第 *99* 题

难度系数　★★★☆

		2				6		
			4		1			
			3		5			
		1				3		
	5		1		7		9	
8								2
5								4
	9						6	
		3	7		2	9		

努力，相信你能行！

第 *100* 题

难度系数　　★ ★ ★ ☆

						7	4		
	3			9			2	
4			5					
6			2		9	3		
	9						7	
		8	7		6			5
					4			6
	7			2			9	
		5	8					

努力，相信你能行！

第 *101* 题

难度系数 ★★★☆

	1				9			2
		2			5			
			3			9		
5			4				3	
	3			5			8	
	2				6			5
		8			7			
			9			8		
4			6				9	

努力，相信你能行！

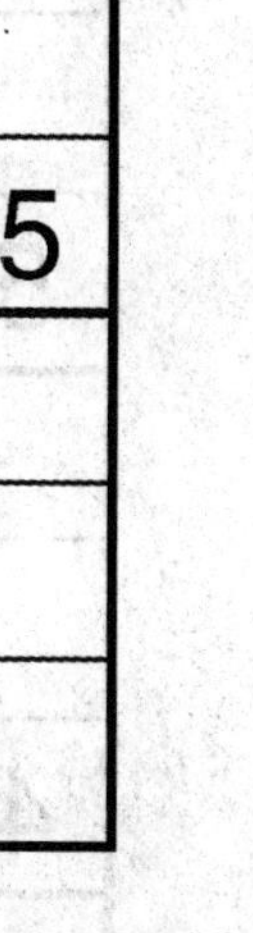

校园挑战篇

第 102 题

难度系数　★★★★

			5			2		
		7				3		
5	2				4		1	
		3		9				8
			8		5			
4				6		7		
	1		2				6	9
		5				1		
		4			3			

第 *103* 题

难度系数　★ ★ ★ ★

		4					9	
	6							7
	1			4	5	6		
		2	3				7	
9								8
	8				4	3		
		7	6	5			2	
3							5	
	2				8			

考验你的时候到了，试试吧！

第 104 题

难度系数　★★★★

		5		1		4		
6								3
			8		9			
2								6
		9		8		7		
4								2
			6		7			
3								8
		7		9		1		

考验你的时候到了，试试吧！

第 *105* 题

难度系数　★★★★

				6	7		3	
4		8				6		
	2						5	
9			5		4			
2								4
			2		3			7
	9						2	
	5					7		8
	6		1	8				

考验你的时候到了，试试吧！

SUDOKU

校园挑战篇

XIAOYUAN TIAOZHAN PIAN

105

第 *106* 题

难度系数　★★★★

3					2			8
	6	1				7		
	5			9			3	
	2				4			5
	5					6		
7			2				9	
	9			8			5	
	2				6	4		
8			5					3

考验你的时候到了，试试吧！

第 107 题

难度系数　★★★★

1			4		7			9
				3				
		4				6		
	5		9		8		3	
	7			6			2	
	8		1		2		7	
		2				4		
				5				
6			2		9			7

考验你的时候到了，试试吧！

第 *108* 题

难度系数　★★★★

		5	3		9	4		
6		4	8		1	3		2
1		3				6		4
2		6				5		1
8		7	6		4	9		5
		9	1		5	2		

考验你的时候到了，试试吧！

难度系数　★★★★

		7				9		2
			3				4	
5			6		1			
4						5	8	
	9	3						7
			8		7			3
	4				6			
1		8				6		

考验你的时候到了，试试吧！

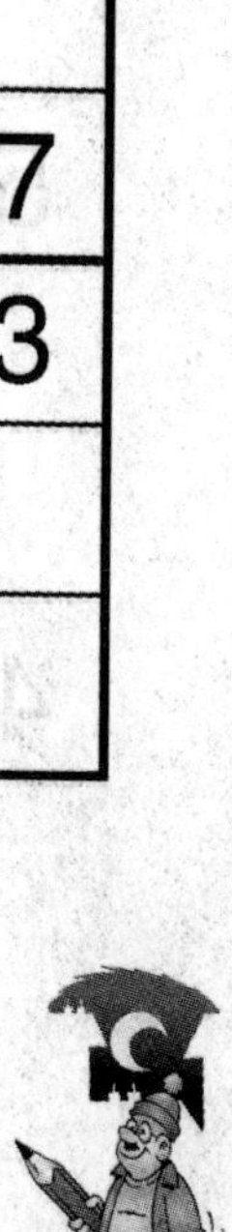

第 110 题

难度系数　★★★★

						4		9
	5	2	9					
	3		5					
	7	3	6					2
				2				
5					7	4	8	
					9		5	
					6	3	7	
4			8					

　考验你的时候到了，试试吧！

第 *111* 题

难度系数　★★★★

	1				2			
2				6				7
3			5				4	
	8		1			7		
		9		2		3		
		6			7		8	
	7				9			8
9				5				4
			7				1	

SUDOK

考验你的时候到了，试试吧！

第 *112* 题

难度系数　★★★★

		6			7			
	8			3				4
		1			9			
			5			4		
3								2
		7			8			
			2			3		
5				4			9	
			6			8		

考验你的时候到了，试试吧！

第 113 题

难度系数　★★★★

6					5			
					8	6	1	
		2	3				8	
							7	4
		6				2		
3	5							
	9			7		5		
	1	8	2					
			4					9

考验你的时候到了，试试吧！

第 114 题

难度系数　★★★★

							9	2
4	3							
		7	5	2				
					4	6	1	
6								5
	9	4	8					
				6	7	9		
							4	8
2	5							

考验你的时候到了，试试吧！

难度系数　★ ★ ★ ★

					5	1		
	1	5			2		3	
6							2	
9	7		1					
				2				
					6		4	9
	4							1
	8		7			2	5	
		3	6					

考验你的时候到了，试试吧！

第 *116* 题

难度系数　★★★★

4						9		
	7				5		1	
		2		6				3
				8	3		5	
		8				4		
	9		7	1				
5				4		7		
	1		2				8	
		3						6

考验你的时候到了，试试吧！

第 *117* 题

难度系数　★★★★

	3		2					
6					7			
			4	9				1
1		4					2	
		8		1		5		
	5					3		6
2				3	5			
			8					9
					6		8	

校园挑战篇

XIAOYUAN TIAOZHAN PIAN

考验你的时候到了，试试吧！

第 118 题

难度系数　★ ★ ★ ★

6						2		
	8			1			9	
		3	6					5
					2	4		
	9						7	
		8	5					
7					3	6		
	4			9			8	
		5						4

考验你的时候到了，试试吧！

第 *119* 题

难度系数　★★★★

	4				6			
			7		1	2		
		3	5					6
						1		
	9	5				7	2	
		6						
1					8	4		
		8	9		7			
			4				7	

考验你的时候到了，试试吧！

第 120 题

难度系数　★★★★

	2						5	
			6		3			
6				9				3
	3				5			
	7			4			8	
	9				6			
2				8				4
		2		4				
	5					7		

考验你的时候到了，试试吧！

第 *121* 题

难度系数　★★★★

			3					
		6			9	5	2	
	9			4				7
					2			6
	2	1				8	7	
3			5					
4				9			8	
	5	2	7			1		
				6				

考验你的时候到了，试试吧！

第 122 题

难度系数　★ ★ ★ ★

			1					4
	8			3			5	
1		2	4					6
						5		8
	1						7	
8		3						
6					4	2		3
	3			5			9	
2				7				

考验你的时候到了，试试吧！

第 *123* 题

难度系数　★★★★

7	1				8			
			2			9		
		3	1					6
					4			5
		9	7		1	2		
2			6					
8					6	1		
		2			3			
			9				6	7

考验你的时候到了，试试吧！

第 *124* 题

难度系数　★★★★

1				8				
		6					7	
	4	7	5			6		
		4			5			
8				4				2
			3			7		
		2			8	9	6	
		1				5		
				9				7

考验你的时候到了，试试吧！

难度系数　★★★★

				3				
		6	8		7	3		
	4						9	
	9			2			6	
7				6				2
	3			5			1	
	1						3	
		4	5		6	9		
				7				

考验你的时候到了，试试吧！

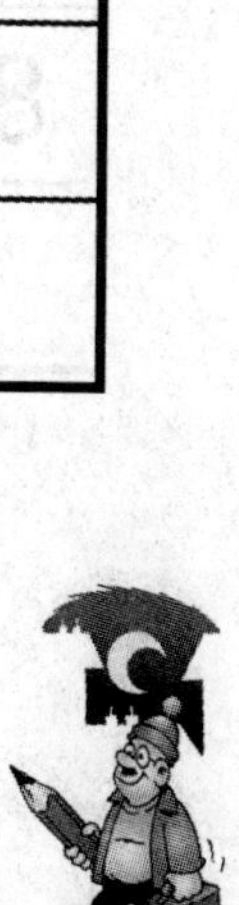

第 126 题

难度系数　★★★★

			7			2		
	6				5			8
1			9					3
4						3		
			2		6			
		7						9
3					4			7
8			6				5	
		2			7			

考验你的时候到了，试试吧！

第 127 题

难度系数　★★★★

3		9				5		4
		5		7		8		
			3					
	9						6	
			6		9			
	5						2	
			5					
		8		2		3		
4		3				7		6

考验你的时候到了，试试吧！

第 *128* 题

难度系数　★★★★

7					4	9		
6					2	3		
	4	8						
	1	7						9
5								2
2					1	8		
					6	7		
	8	9						4
	2	1						8

考验你的时候到了，试试吧！

第 *129* 题

难度系数　★★★★

					1				6
	3			6		9		5	
		7					9		
					4		1		
3				2					7
	9			7					
		5					4		
	6			1		2		9	
8					7				

考验你的时候到了，试试吧！

第 130 题

难度系数　★ ★ ★ ★

	1				3			
	9	7				8		
	3	5					2	
1				9				5
	2			3			7	
3				6				8
	4				8	6		
		5			4	7		
		2					8	

考验你的时候到了，试试吧！

难度系数　★★★★

5		4	2					
	8			7				
7					1			
3						7		2
	4			8			1	
2		9						3
			4					9
			5			2		
				9	8			4

SUDOKU

校园挑战篇

XIAOYUAN TIAOZHAN PIAN

考验你的时候到了，试试吧！

第 *132* 题

难度系数　★★★★

			2				6	
	1			7		8		4
		4						
	5				4		2	
4				3				6
	7		1					9
					9			
2		6		5			3	
	3				1			

 考验你的时候到了，试试吧！

第 *133* 题

难度系数　　★★★★

	6							
9		3			8	2		
			4	2			8	
	9							3
7				8				9
6							7	
	2			4	6			
	4	2				9		1
							5	

考验你的时候到了，试试吧！

第 134 题

难度系数　★★★★

1			2		7		3	
	2			9				8
		3				9		
6			4					7
	8			5			6	
9					6			2
		4				7		
7				3			8	
	3		8		5			9

考验你的时候到了，试试吧！

答 案

校园热身篇

1

4	7	9	3	6	8	1	5	2
3	8	2	4	5	1	7	6	9
1	5	6	9	7	2	4	8	3
7	1	8	6	2	3	9	4	5
9	3	5	7	8	4	2	1	6
2	6	4	5	1	9	3	7	8
8	9	7	2	4	5	6	3	1
5	4	3	1	9	6	8	2	7
6	2	1	8	3	7	5	9	4

2

1	2	3	4	5	7	9	8	6
5	6	7	8	2	9	4	3	1
8	4	9	6	1	3	2	5	7
3	5	2	7	8	1	6	4	9
7	8	4	9	3	6	5	1	2
9	1	6	5	4	2	8	7	3
2	7	8	3	6	5	1	9	4
6	9	5	1	7	4	3	2	8
4	3	1	2	9	8	7	6	5

答

案

DAAN

3

7	3	4	1	8	2	6	5	9
2	6	8	5	9	4	3	7	1
9	5	1	3	6	7	4	2	8
3	1	9	4	5	6	7	8	2
8	7	6	9	2	3	1	4	5
5	4	2	8	7	1	9	6	3
4	8	7	2	3	9	5	1	6
1	9	5	6	4	8	2	3	7
6	2	3	7	1	5	8	9	4

4

6	4	5	9	2	8	3	1	7
1	8	3	7	6	4	9	2	5
9	2	7	3	1	5	6	8	4
4	6	9	2	8	7	5	3	1
7	1	8	5	3	9	2	4	6
5	3	2	6	4	1	8	7	9
2	9	1	4	5	3	7	6	8
3	5	4	8	7	6	1	9	2
8	7	6	1	9	2	4	5	3

5

8	6	5	9	2	7	4	3	1
3	2	4	8	1	6	9	7	5
7	9	1	3	5	4	2	6	8
6	3	9	5	8	2	7	1	4
5	1	7	4	3	9	6	8	2
2	4	8	6	7	1	3	5	9
1	5	6	2	9	3	8	4	7
9	7	3	1	4	8	5	2	6
4	8	2	7	6	5	1	9	3

6

7	1	3	8	2	4	9	5	6
2	8	5	6	3	9	7	1	4
4	9	6	1	5	7	8	2	3
5	2	9	7	4	8	3	6	1
6	3	8	9	1	5	4	7	2
1	4	7	3	6	2	5	8	9
9	6	2	5	8	3	1	4	7
8	7	1	4	9	6	2	3	5
3	5	4	2	7	1	6	9	8

7

3	1	8	7	4	9	2	5	6
7	6	5	1	2	3	4	8	9
9	2	4	5	6	8	3	7	1
6	4	1	8	7	5	9	3	2
8	9	3	2	1	4	5	6	7
5	7	2	3	9	6	8	1	4
2	8	6	4	3	1	7	9	5
1	3	7	9	5	2	6	4	8
4	5	9	6	8	7	1	2	3

8

2	5	8	6	3	7	4	9	1
3	6	4	2	9	1	7	5	8
9	1	7	4	8	5	3	2	6
8	4	5	1	7	9	6	3	2
7	3	6	8	4	2	5	1	9
1	2	9	5	6	3	8	4	7
6	8	1	3	2	4	9	7	5
4	9	2	7	5	8	1	6	3
5	7	3	9	1	6	2	8	4

9

4	3	2	8	6	9	5	1	7
6	9	7	5	2	1	8	3	4
1	5	8	4	3	7	2	6	9
5	4	3	6	7	8	1	9	2
9	2	6	1	4	5	3	7	8
8	7	1	3	9	2	4	5	6
7	6	5	2	8	3	9	4	1
3	8	9	7	1	4	6	2	5
2	1	4	9	5	6	7	8	3

10

1	2	3	9	7	6	4	8	5
6	8	4	1	2	5	7	9	3
9	7	5	4	3	8	1	2	6
3	4	6	7	8	1	9	5	2
7	5	1	6	9	2	8	3	4
8	9	2	5	4	3	6	7	1
2	3	9	8	1	4	5	6	7
4	6	7	2	5	9	3	1	8
5	1	8	3	6	7	2	4	9

11

5	1	2	3	8	4	7	6	9
3	6	8	2	7	9	4	5	1
9	7	4	6	5	1	3	2	8
2	3	1	7	6	8	5	9	4
8	9	5	4	1	3	2	7	6
7	4	6	5	9	2	1	8	3
6	2	9	1	4	7	8	3	5
1	5	7	8	3	6	9	4	2
4	8	3	9	2	5	6	1	7

12

6	3	2	9	8	4	5	7	1
1	5	4	6	7	2	9	8	3
8	7	9	5	1	3	4	2	6
7	4	5	2	6	9	3	1	8
9	6	1	3	5	8	7	4	2
3	2	8	1	4	7	6	5	9
4	9	3	8	2	5	1	6	7
2	1	7	4	9	6	8	3	5
5	8	6	7	3	1	2	9	4

13

3	2	6	1	8	7	9	4	5
8	7	5	2	9	4	1	3	6
1	9	4	5	6	3	8	7	2
5	8	7	4	3	2	6	9	1
9	3	2	7	1	6	5	8	4
6	4	1	8	5	9	3	2	7
2	6	8	9	4	5	7	1	3
4	1	3	6	7	8	2	5	9
7	5	9	3	2	1	4	6	8

14

1	7	5	8	4	9	2	6	3
2	9	3	5	1	6	4	7	8
4	6	8	2	7	3	1	9	5
3	2	9	7	8	4	6	5	1
8	5	1	3	6	2	9	4	7
6	4	7	1	9	5	3	8	2
9	1	2	6	5	7	8	3	4
7	3	6	4	2	8	5	1	9
5	8	4	9	3	1	7	2	6

SUDOKU

答

案 ◀

DAAN

15

5	7	6	2	1	9	8	4	3
1	9	3	8	4	7	5	6	2
2	8	4	6	5	3	7	1	9
9	4	2	7	3	6	1	5	8
8	6	5	1	9	2	3	7	4
3	1	7	5	8	4	9	2	6
6	5	1	9	2	8	4	3	7
4	2	8	3	7	5	6	9	1
7	3	9	4	6	1	2	8	5

16

2	1	8	6	7	4	5	3	9
5	7	3	8	9	2	1	6	4
9	6	4	3	5	1	8	2	7
8	4	2	9	6	5	7	1	3
6	5	7	1	2	3	9	4	8
3	9	1	7	4	8	6	5	2
7	2	5	4	1	9	3	8	6
1	8	9	2	3	6	4	7	5
4	3	6	5	8	7	2	9	1

17

3	1	2	6	9	5	8	4	7
4	9	6	3	7	8	2	1	5
7	5	8	1	4	2	3	6	9
1	2	7	9	6	3	5	8	4
9	6	4	5	8	1	7	3	2
5	8	3	7	2	4	1	9	6
6	3	9	8	5	7	4	2	1
2	7	1	4	3	6	9	5	8
8	4	5	2	1	9	6	7	3

18

7	3	9	2	1	4	8	5	6
2	8	4	3	5	6	1	9	7
1	6	5	7	8	9	3	2	4
8	7	3	9	2	1	4	6	5
9	5	2	6	4	3	7	8	1
4	1	6	8	7	5	9	3	2
3	9	7	1	6	2	5	4	8
5	2	8	4	3	7	6	1	9
6	4	1	5	9	8	2	7	3

19

7	8	3	2	9	5	6	4	1
5	9	2	4	1	6	3	8	7
1	6	4	8	3	7	9	2	5
6	1	7	5	2	9	8	3	4
9	2	8	3	4	1	7	5	6
4	3	5	7	6	8	1	9	2
8	4	6	1	5	3	2	7	9
3	5	9	6	7	2	4	1	8
2	7	1	9	8	4	5	6	3

20

9	7	8	2	4	6	1	3	5
5	1	2	7	8	3	9	4	6
6	4	3	5	1	9	7	2	8
7	6	1	3	9	8	4	5	2
2	3	5	4	6	7	8	1	9
8	9	4	1	5	2	3	6	7
3	8	9	6	2	1	5	7	4
1	5	6	9	7	4	2	8	3
4	2	7	8	3	5	6	9	1

21

8	3	1	4	5	9	2	6	7
7	9	6	2	1	3	8	4	5
4	2	5	6	8	7	1	3	9
3	8	2	5	9	6	4	7	1
5	1	4	3	7	2	6	9	8
9	6	7	1	4	8	3	5	2
1	4	8	7	3	5	9	2	6
2	7	3	9	6	1	5	8	4
6	5	9	8	2	4	7	1	3

22

2	7	1	4	8	3	5	9	6
3	9	6	7	1	5	2	4	8
8	5	4	6	9	2	7	1	3
1	6	8	9	2	7	3	5	4
5	4	7	1	3	6	8	2	9
9	2	3	8	5	4	6	7	1
7	8	5	3	4	1	9	6	2
6	1	9	2	7	8	4	3	5
4	3	2	5	6	9	1	8	7

SUDOKU

答

案

DAAN

23

5	6	9	1	2	3	8	7	4
4	1	7	9	8	5	3	2	6
8	3	2	7	6	4	1	9	5
6	4	3	8	9	7	2	5	1
9	7	5	4	1	2	6	3	8
1	2	8	3	5	6	7	4	9
2	8	4	5	3	1	9	6	7
3	5	1	6	7	9	4	8	2
7	9	6	2	4	8	5	1	3

24

1	9	8	3	4	5	6	2	7
6	2	7	8	1	9	5	4	3
4	5	3	6	7	2	8	9	1
7	1	2	5	8	6	9	3	4
8	6	4	1	9	3	2	7	5
9	3	5	7	2	4	1	8	6
3	8	6	9	5	7	4	1	2
2	7	9	4	6	1	3	5	8
5	4	1	2	3	8	7	6	9

25

7	9	8	2	1	3	5	6	4
4	2	3	5	9	6	1	8	7
1	6	5	4	7	8	3	2	9
9	8	4	7	3	2	6	5	1
2	7	1	6	8	5	4	9	3
3	5	6	9	4	1	2	7	8
8	4	2	1	5	9	7	3	6
5	1	9	3	6	7	8	4	2
6	3	7	8	2	4	9	1	5

26

5	2	3	7	8	9	6	4	1
9	1	8	6	3	4	7	2	5
4	6	7	2	1	5	3	8	9
1	7	2	8	4	3	5	9	6
8	9	6	1	5	7	2	3	4
3	5	4	9	6	2	8	1	7
6	3	9	4	7	8	1	5	2
2	8	1	5	9	6	4	7	3
7	4	5	3	2	1	9	6	8

27

2	1	7	6	3	9	8	5	4
5	4	8	7	1	2	3	6	9
3	9	6	8	5	4	2	7	1
8	7	5	9	4	6	1	2	3
9	2	1	5	8	3	6	4	7
4	6	3	2	7	1	9	8	5
1	8	2	4	9	7	5	3	6
7	5	9	3	6	8	4	1	2
6	3	4	1	2	5	7	9	8

28

5	9	1	8	4	7	2	6	3
8	6	2	3	1	9	5	4	7
3	4	7	5	2	6	9	8	1
1	8	9	2	7	3	4	5	6
7	3	5	6	8	4	1	9	2
6	2	4	1	9	5	3	7	8
9	7	3	4	6	1	8	2	5
4	5	8	7	3	2	6	1	9
2	1	6	9	5	8	7	3	4

29

5	7	3	9	8	1	2	6	4
6	9	1	4	2	7	5	8	3
4	8	2	3	5	6	1	9	7
3	2	8	5	6	4	9	7	1
9	1	6	2	7	3	8	4	5
7	5	4	8	1	9	6	3	2
1	3	7	6	9	2	4	5	8
8	4	9	1	3	5	7	2	6
2	6	5	7	4	8	3	1	9

30

2	4	9	6	8	7	5	3	1
8	6	7	1	3	5	9	4	2
3	1	5	2	9	4	8	7	6
4	5	6	8	7	9	2	1	3
1	2	3	4	5	6	7	8	9
9	7	8	3	1	2	4	6	5
7	3	2	9	4	1	6	5	8
6	8	4	5	2	3	1	9	7
5	9	1	7	6	8	3	2	4

31

7	3	9	2	5	8	4	6	1
5	6	1	4	9	7	2	8	3
8	2	4	3	6	1	5	7	9
3	9	7	8	4	6	1	5	2
2	4	5	7	1	3	8	9	6
6	1	8	9	2	5	3	4	7
4	8	6	1	7	2	9	3	5
1	7	3	5	8	9	6	2	4
9	5	2	6	3	4	7	1	8

32

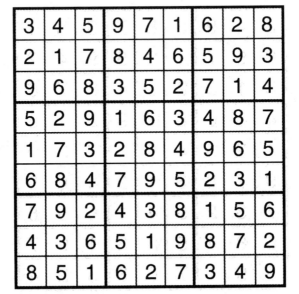

3	4	5	9	7	1	6	2	8
2	1	7	8	4	6	5	9	3
9	6	8	3	5	2	7	1	4
5	2	9	1	6	3	4	8	7
1	7	3	2	8	4	9	6	5
6	8	4	7	9	5	2	3	1
7	9	2	4	3	8	1	5	6
4	3	6	5	1	9	8	7	2
8	5	1	6	2	7	3	4	9

33

3	7	8	4	1	9	2	6	5
4	2	9	7	6	5	1	3	8
5	6	1	2	8	3	4	7	9
7	8	2	1	5	4	3	9	6
6	4	3	8	9	2	5	1	7
1	9	5	6	3	7	8	2	4
9	3	6	5	2	8	7	4	1
2	5	4	9	7	1	6	8	3
8	1	7	3	4	6	9	5	2

34

6	9	8	3	2	1	7	5	4
1	2	7	4	8	5	3	9	6
3	4	5	6	7	9	8	2	1
5	6	4	8	9	3	2	1	7
2	7	1	5	6	4	9	3	8
8	3	9	7	1	2	6	4	5
9	1	6	2	4	8	5	7	3
7	5	2	1	3	6	4	8	9
4	8	3	9	5	7	1	6	2

校园实践篇

35

2	9	3	4	1	8	6	5	7
5	7	4	2	3	6	9	1	8
6	8	1	9	7	5	2	3	4
9	4	5	8	6	7	3	2	1
1	2	7	3	5	9	8	4	6
8	3	6	1	4	2	5	7	9
4	6	2	7	8	3	1	9	5
3	1	8	5	9	4	7	6	2
7	5	9	6	2	1	4	8	3

36

1	5	7	6	8	4	3	9	2
2	3	4	9	5	7	6	8	1
6	8	9	3	2	1	4	5	7
5	6	8	2	4	3	1	7	9
4	1	2	7	9	8	5	3	6
9	7	3	5	1	6	2	4	8
8	4	5	1	7	2	9	6	3
3	9	1	8	6	5	7	2	4
7	2	6	4	3	9	8	1	5

37

2	4	3	6	8	9	5	7	1
1	7	9	3	5	2	6	4	8
6	8	5	7	1	4	3	2	9
5	1	7	4	9	3	8	6	2
9	3	6	8	2	7	1	5	4
4	2	8	5	6	1	9	3	7
7	6	2	9	3	8	4	1	5
3	9	1	2	4	5	7	8	6
8	5	4	1	7	6	2	9	3

38

9	4	6	2	3	5	8	7	1
5	7	3	1	8	4	6	2	9
2	1	8	6	7	9	3	5	4
6	9	2	8	5	7	1	4	3
4	5	7	3	1	6	2	9	8
8	3	1	9	4	2	7	6	5
1	2	5	7	9	3	4	8	6
3	6	4	5	2	8	9	1	7
7	8	9	4	6	1	5	3	2

SUDOKU

答

案

◀

DAAN

39

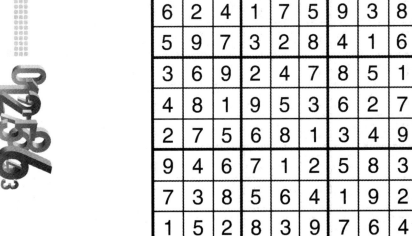

5	4	3	6	1	8	7	2	9
7	1	9	2	4	3	5	8	6
8	2	6	7	9	5	4	3	1
2	6	1	5	8	4	9	7	3
9	5	8	1	3	7	2	6	4
3	7	4	9	6	2	8	1	5
4	8	5	3	2	1	6	9	7
6	3	7	8	5	9	1	4	2
1	9	2	4	7	6	3	5	8

40

8	1	3	4	9	6	2	7	5
6	2	4	1	7	5	9	3	8
5	9	7	3	2	8	4	1	6
3	6	9	2	4	7	8	5	1
4	8	1	9	5	3	6	2	7
2	7	5	6	8	1	3	4	9
9	4	6	7	1	2	5	8	3
7	3	8	5	6	4	1	9	2
1	5	2	8	3	9	7	6	4

41

5	4	3	1	6	8	2	7	9
6	7	1	3	9	2	4	5	8
8	2	9	4	5	7	6	3	1
2	5	8	6	7	3	1	9	4
7	1	4	8	2	9	5	6	3
9	3	6	5	4	1	8	2	7
1	6	2	9	3	4	7	8	5
3	8	5	7	1	6	9	4	2
4	9	7	2	8	5	3	1	6

42

7	8	9	4	5	2	6	3	1
3	5	2	6	1	7	9	8	4
6	1	4	9	8	3	5	7	2
4	6	1	2	7	8	3	9	5
8	9	3	1	4	5	2	6	7
5	2	7	3	9	6	4	1	8
1	3	8	5	2	9	7	4	6
2	4	6	7	3	1	8	5	9
9	7	5	8	6	4	1	2	3

SUDOKU

答

案

◀ DAAN

43

6	1	7	5	3	8	4	2	9
9	4	5	6	7	2	1	8	3
3	2	8	9	1	4	5	7	6
4	7	1	2	5	9	3	6	8
5	9	3	1	8	6	2	4	7
8	6	2	7	4	3	9	1	5
1	5	4	8	9	7	6	3	2
2	8	9	3	6	1	7	5	4
7	3	6	4	2	5	8	9	1

44

5	3	6	2	4	8	7	9	1
7	8	1	9	5	3	2	6	4
4	9	2	7	1	6	5	3	8
1	6	8	3	7	5	4	2	9
9	5	3	4	6	2	1	8	7
2	4	7	8	9	1	6	5	3
8	7	9	5	2	4	3	1	6
3	1	5	6	8	7	9	4	2
6	2	4	1	3	9	8	7	5

45

1	4	8	3	9	6	7	5	2
7	3	6	2	5	4	9	1	8
5	9	2	1	8	7	6	3	4
9	6	3	5	2	1	4	8	7
2	8	7	4	3	9	5	6	1
4	1	5	6	7	8	3	2	9
6	5	1	9	4	2	8	7	3
8	2	4	7	6	3	1	9	5
3	7	9	8	1	5	2	4	6

46

8	7	5	6	4	2	1	3	9
6	2	9	1	5	3	4	8	7
3	4	1	8	7	9	2	5	6
1	5	8	2	6	7	3	9	4
7	6	3	9	1	4	5	2	8
2	9	4	3	8	5	7	6	1
9	1	2	7	3	6	8	4	5
4	8	6	5	2	1	9	7	3
5	3	7	4	9	8	6	1	2

SUDOKU

答

案

◀

DAAN

47

3	7	8	9	6	2	4	5	1
5	1	2	3	7	4	8	6	9
6	4	9	5	1	8	2	3	7
7	9	5	2	8	6	1	4	3
8	3	1	7	4	9	5	2	6
2	6	4	1	3	5	7	9	8
9	8	3	4	2	7	6	1	5
4	5	6	8	9	1	3	7	2
1	2	7	6	5	3	9	8	4

48

7	3	6	8	4	5	2	9	1
2	4	8	1	7	9	6	3	5
5	9	1	2	6	3	4	8	7
6	1	3	4	8	7	5	2	9
9	2	7	3	5	1	8	6	4
4	8	5	9	2	6	7	1	3
3	5	4	6	1	8	9	7	2
1	6	2	7	9	4	3	5	8
8	7	9	5	3	2	1	4	6

49

6	8	9	3	7	1	4	2	5
7	1	5	6	4	2	9	8	3
3	4	2	8	5	9	1	7	6
8	2	7	4	6	3	5	9	1
4	5	1	9	2	8	6	3	7
9	6	3	5	1	7	8	4	2
5	9	6	2	3	4	7	1	8
2	7	8	1	9	6	3	5	4
1	3	4	7	8	5	2	6	9

50

1	8	6	9	3	7	2	5	4
9	4	2	5	8	1	6	7	3
7	5	3	2	4	6	1	8	9
2	6	4	8	1	3	7	9	5
3	9	8	7	2	5	4	1	6
5	7	1	6	9	4	3	2	8
8	2	7	3	6	9	5	4	1
6	1	5	4	7	8	9	3	2
4	3	9	1	5	2	8	6	7

SUDOKU

答

案

◀

DAAN

51

6	8	7	2	3	4	1	5	9
3	4	1	7	5	9	8	6	2
2	5	9	8	1	6	7	3	4
8	6	4	5	9	7	3	2	1
5	7	2	3	8	1	4	9	6
9	1	3	6	4	2	5	7	8
7	9	8	4	2	5	6	1	3
1	3	5	9	6	8	2	4	7
4	2	6	1	7	3	9	8	5

52

2	1	5	7	9	4	3	8	6
3	9	6	1	8	5	7	4	2
4	8	7	2	6	3	1	9	5
5	7	8	9	4	1	6	2	3
9	2	1	6	3	8	5	7	4
6	4	3	5	2	7	8	1	9
7	5	9	4	1	6	2	3	8
1	3	4	8	5	2	9	6	7
8	6	2	3	7	9	4	5	1

53

9	8	3	2	4	6	7	5	1
4	7	2	9	1	5	8	6	3
6	5	1	7	3	8	4	2	9
1	3	4	6	9	2	5	7	8
7	2	6	5	8	1	9	3	4
5	9	8	4	7	3	6	1	2
3	1	5	8	6	4	2	9	7
2	4	7	3	5	9	1	8	6
8	6	9	1	2	7	3	4	5

54

2	9	7	1	8	5	4	6	3
4	8	1	2	3	6	9	7	5
3	6	5	9	4	7	2	1	8
6	1	3	8	2	9	5	4	7
7	2	9	5	6	4	8	3	1
8	5	4	7	1	3	6	9	2
5	4	8	3	9	1	7	2	6
1	7	6	4	5	2	3	8	9
9	3	2	6	7	8	1	5	4

55

1	6	7	5	9	8	3	4	2
2	5	9	3	4	7	6	8	1
8	3	4	1	6	2	5	7	9
4	9	8	6	7	5	1	2	3
7	1	5	2	8	3	4	9	6
3	2	6	4	1	9	7	5	8
9	8	3	7	5	1	2	6	4
5	4	1	9	2	6	8	3	7
6	7	2	8	3	4	9	1	5

56

8	5	2	4	3	1	6	9	7
3	9	1	7	6	5	8	4	2
7	4	6	8	9	2	3	1	5
4	1	5	9	2	6	7	3	8
9	6	8	1	7	3	5	2	4
2	7	3	5	8	4	9	6	1
5	2	7	3	1	9	4	8	6
1	3	4	6	5	8	2	7	9
6	8	9	2	4	7	1	5	3

57

7	5	9	6	2	3	1	4	8
2	4	1	5	8	9	7	3	6
6	3	8	7	4	1	5	9	2
1	9	4	8	7	6	2	5	3
8	2	5	3	9	4	6	1	7
3	7	6	1	5	2	9	8	4
4	1	3	9	6	7	8	2	5
9	8	7	2	3	5	4	6	1
5	6	2	4	1	8	3	7	9

58

3	4	7	1	6	5	8	2	9
1	5	8	9	7	2	6	3	4
2	9	6	3	4	8	7	1	5
6	3	2	7	5	1	4	9	8
4	8	9	6	2	3	5	7	1
7	1	5	8	9	4	3	6	2
5	6	4	2	3	9	1	8	7
8	2	3	5	1	7	9	4	6
9	7	1	4	8	6	2	5	3

59

3	9	5	1	8	2	4	7	6
7	6	2	9	5	4	3	8	1
4	1	8	7	6	3	2	9	5
5	7	6	3	4	9	8	1	2
9	3	1	8	2	7	5	6	4
8	2	4	5	1	6	9	3	7
6	5	9	4	3	1	7	2	8
1	8	7	2	9	5	6	4	3
2	4	3	6	7	8	1	5	9

60

9	2	7	4	6	3	1	8	5
4	6	5	8	1	9	2	7	3
8	3	1	2	5	7	6	4	9
1	7	6	9	3	5	8	2	4
5	4	2	7	8	1	3	9	6
3	9	8	6	2	4	5	1	7
2	1	9	3	7	6	4	5	8
7	8	3	5	4	2	9	6	1
6	5	4	1	9	8	7	3	2

61

8	7	9	4	2	3	1	5	6
3	4	5	9	1	6	7	2	8
1	6	2	7	8	5	4	9	3
5	9	6	2	3	7	8	1	4
7	1	4	8	6	9	2	3	5
2	8	3	1	5	4	9	6	7
9	5	8	6	4	2	3	7	1
4	3	7	5	9	1	6	8	2
6	2	1	3	7	8	5	4	9

62

5	2	1	7	4	8	3	9	6
8	4	6	1	3	9	2	7	5
7	3	9	5	2	6	1	4	8
6	9	4	8	5	3	7	1	2
1	8	3	9	7	2	6	5	4
2	5	7	4	6	1	8	3	9
3	1	5	2	8	4	9	6	7
4	6	2	3	9	7	5	8	1
9	7	8	6	1	5	4	2	3

63

4	2	9	5	6	8	3	7	1
5	8	6	3	1	7	2	4	9
7	3	1	9	4	2	6	5	8
3	1	2	7	8	6	5	9	4
6	5	8	1	9	4	7	2	3
9	7	4	2	3	5	1	8	6
2	4	3	6	5	9	8	1	7
8	6	7	4	2	1	9	3	5
1	9	5	8	7	3	4	6	2

64

2	6	9	8	3	7	5	1	4
4	3	5	6	1	9	7	8	2
1	8	7	4	2	5	3	6	9
8	5	6	9	4	2	1	7	3
9	4	1	3	7	6	2	5	8
3	7	2	5	8	1	4	9	6
6	9	4	1	5	3	8	2	7
5	2	3	7	9	8	6	4	1
7	1	8	2	6	4	9	3	5

65

3	1	2	9	5	7	8	4	6
8	6	7	3	2	4	5	1	9
4	5	9	1	8	6	7	2	3
1	4	8	7	6	5	3	9	2
9	2	3	8	4	1	6	7	5
5	7	6	2	3	9	1	8	4
7	3	5	4	9	8	2	6	1
6	9	1	5	7	2	4	3	8
2	8	4	6	1	3	9	5	7

66

4	8	6	5	9	3	2	1	7
7	2	9	6	1	4	5	3	8
5	3	1	2	8	7	6	9	4
2	6	5	9	7	1	8	4	3
1	4	8	3	5	6	7	2	9
9	7	3	4	2	8	1	5	6
6	5	2	8	3	9	4	7	1
8	9	7	1	4	2	3	6	5
3	1	4	7	6	5	9	8	2

67

5	2	4	8	6	1	3	7	9
1	7	3	4	2	9	8	6	5
6	9	8	7	3	5	1	4	2
7	5	1	2	4	3	9	8	6
9	3	6	1	5	8	7	2	4
4	8	2	9	7	6	5	3	1
2	4	5	3	1	7	6	9	8
3	6	9	5	8	4	2	1	7
8	1	7	6	9	2	4	5	3

68

4	8	1	3	6	9	7	2	5
7	9	2	5	1	8	4	3	6
5	6	3	2	7	4	9	1	8
1	4	5	6	9	3	8	7	2
3	2	8	1	5	7	6	9	4
9	7	6	4	8	2	1	5	3
6	3	9	7	4	5	2	8	1
2	1	7	8	3	6	5	4	9
8	5	4	9	2	1	3	6	7

69

2	1	7	6	8	4	5	3	9
9	5	4	2	3	7	8	6	1
6	3	8	5	1	9	4	7	2
4	7	5	8	2	1	6	9	3
3	8	2	9	5	6	1	4	7
1	6	9	7	4	3	2	8	5
5	4	3	1	7	8	9	2	6
7	9	1	4	6	2	3	5	8
8	2	6	3	9	5	7	1	4

70

8	4	9	7	5	1	2	3	6
3	1	5	8	6	2	7	9	4
2	6	7	4	3	9	8	1	5
6	2	3	1	9	5	4	8	7
7	5	4	3	8	6	9	2	1
1	9	8	2	7	4	5	6	3
4	8	2	6	1	7	3	5	9
5	7	6	9	2	3	1	4	8
9	3	1	5	4	8	6	7	2

答

案

DAAN

SUDOKU

71

9	2	5	7	8	3	1	6	4
7	4	3	6	1	5	9	8	2
8	6	1	2	9	4	7	3	5
5	1	7	4	2	6	3	9	8
2	8	6	3	7	9	4	5	1
4	3	9	1	5	8	6	2	7
3	5	4	8	6	1	2	7	9
1	9	2	5	3	7	8	4	6
6	7	8	9	4	2	5	1	3

72

4	1	3	7	2	5	8	6	9
6	2	7	1	8	9	5	3	4
9	8	5	6	3	4	2	1	7
7	3	9	4	1	8	6	2	5
1	5	6	3	9	2	4	7	8
2	4	8	5	7	6	3	9	1
5	7	2	8	6	1	9	4	3
3	6	4	9	5	7	1	8	2
8	9	1	2	4	3	7	5	6

73

9	2	1	8	5	7	4	3	6
6	7	5	3	4	2	9	1	8
4	3	8	9	1	6	7	2	5
5	1	7	6	2	3	8	4	9
8	4	3	7	9	1	5	6	2
2	6	9	5	8	4	1	7	3
3	8	6	1	7	5	2	9	4
1	9	2	4	6	8	3	5	7
7	5	4	2	3	9	6	8	1

74

1	9	3	4	5	6	7	2	8
8	7	6	2	9	1	3	5	4
4	5	2	8	7	3	9	1	6
7	3	8	1	6	2	4	9	5
5	6	1	3	4	9	8	7	2
9	2	4	7	8	5	6	3	1
2	4	9	5	3	8	1	6	7
6	8	5	9	1	7	2	4	3
3	1	7	6	2	4	5	8	9

75

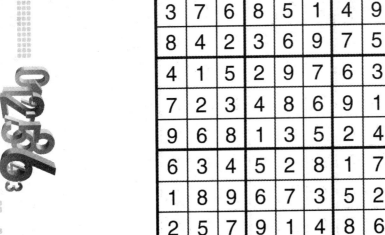

3	7	2	4	6	5	9	1	8
8	5	4	9	3	1	2	7	6
6	9	1	7	8	2	3	4	5
9	8	7	3	1	6	4	5	2
4	1	5	2	9	8	7	6	3
2	3	6	5	4	7	8	9	1
7	2	8	6	5	4	1	3	9
1	6	3	8	7	9	5	2	4
5	4	9	1	2	3	6	8	7

76

5	9	1	7	4	2	3	8	6
3	7	6	8	5	1	4	9	2
8	4	2	3	6	9	7	5	1
4	1	5	2	9	7	6	3	8
7	2	3	4	8	6	9	1	5
9	6	8	1	3	5	2	4	7
6	3	4	5	2	8	1	7	9
1	8	9	6	7	3	5	2	4
2	5	7	9	1	4	8	6	3

77

6	4	7	1	9	2	8	3	5
2	1	3	5	8	6	4	7	9
8	5	9	4	3	7	2	6	1
5	7	2	9	6	1	3	8	4
3	9	4	8	2	5	6	1	7
1	8	6	3	7	4	9	5	2
7	6	5	2	4	8	1	9	3
4	3	1	6	5	9	7	2	8
9	2	8	7	1	3	5	4	6

78

1	8	6	2	4	7	3	5	9
5	2	3	1	8	9	7	6	4
4	7	9	6	5	3	8	1	2
8	6	7	4	2	1	5	9	3
2	5	1	3	9	8	6	4	7
9	3	4	5	7	6	1	2	8
7	1	8	9	6	4	2	3	5
6	9	2	7	3	5	4	8	1
3	4	5	8	1	2	9	7	6

79

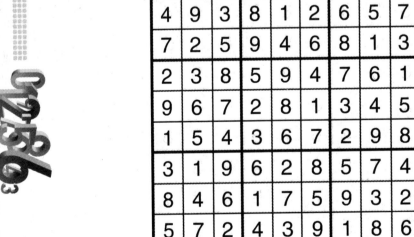

8	6	2	7	5	4	9	3	1
4	1	9	6	3	8	2	7	5
3	5	7	1	9	2	4	6	8
7	8	1	4	2	9	3	5	6
9	3	4	5	1	6	7	8	2
5	2	6	8	7	3	1	9	4
1	9	8	3	4	5	6	2	7
6	4	3	2	8	7	5	1	9
2	7	5	9	6	1	8	4	3

80

6	8	1	7	5	3	4	2	9
4	9	3	8	1	2	6	5	7
7	2	5	9	4	6	8	1	3
2	3	8	5	9	4	7	6	1
9	6	7	2	8	1	3	4	5
1	5	4	3	6	7	2	9	8
3	1	9	6	2	8	5	7	4
8	4	6	1	7	5	9	3	2
5	7	2	4	3	9	1	8	6

81

3	5	6	9	1	4	7	2	8
8	2	9	3	7	5	1	4	6
4	7	1	8	2	6	5	3	9
1	4	2	6	9	7	8	5	3
9	6	5	2	3	8	4	7	1
7	8	3	4	5	1	9	6	2
6	9	7	1	4	2	3	8	5
2	3	4	5	8	9	6	1	7
5	1	8	7	6	3	2	9	4

82

9	6	4	3	8	1	7	5	2
8	2	5	4	7	6	9	1	3
7	1	3	2	5	9	8	4	6
1	4	7	9	2	5	3	6	8
5	8	9	6	3	7	4	2	1
2	3	6	1	4	8	5	9	7
3	5	2	8	1	4	6	7	9
6	7	8	5	9	2	1	3	4
4	9	1	7	6	3	2	8	5

83

1	5	9	8	4	7	2	3	6
2	6	3	1	9	5	7	8	4
8	7	4	3	6	2	1	5	9
4	1	8	9	7	3	6	2	5
5	2	6	4	8	1	9	7	3
3	9	7	2	5	6	4	1	8
9	4	2	7	3	8	5	6	1
7	3	5	6	1	4	8	9	2
6	8	1	5	2	9	3	4	7

84

2	6	7	3	1	4	8	9	5
5	1	9	2	6	8	4	3	7
4	3	8	5	9	7	2	1	6
8	4	6	1	7	3	5	2	9
9	2	3	4	5	6	7	8	1
7	5	1	8	2	9	3	6	4
1	7	2	6	3	5	9	4	8
3	9	4	7	8	1	6	5	2
6	8	5	9	4	2	1	7	3

85

4	9	1	7	3	8	6	5	2
7	8	2	5	6	1	4	9	3
5	6	3	2	9	4	8	7	1
3	1	4	9	8	5	2	6	7
2	7	8	4	1	6	5	3	9
6	5	9	3	2	7	1	4	8
1	2	7	6	5	9	3	8	4
8	4	6	1	7	3	9	2	5
9	3	5	8	4	2	7	1	6

86

4	9	3	7	8	5	6	1	2
7	6	8	1	2	4	3	9	5
2	5	1	9	6	3	4	8	7
8	7	2	3	9	6	1	5	4
5	3	9	4	1	7	2	6	8
1	4	6	8	5	2	7	3	9
3	2	5	6	4	9	8	7	1
6	1	4	5	7	8	9	2	3
9	8	7	2	3	1	5	4	6

87

6	8	7	2	1	4	9	5	3
1	3	2	5	9	7	4	8	6
4	5	9	8	6	3	7	2	1
5	1	4	7	2	9	6	3	8
2	9	8	4	3	6	1	7	5
3	7	6	1	8	5	2	9	4
8	6	3	9	7	1	5	4	2
9	4	1	3	5	2	8	6	7
7	2	5	6	4	8	3	1	9

88

3	7	4	9	8	5	1	6	2
8	1	5	4	6	2	9	3	7
2	6	9	7	3	1	8	4	5
1	2	8	3	5	9	6	7	4
6	9	7	8	2	4	5	1	3
5	4	3	1	7	6	2	9	8
7	8	6	2	1	3	4	5	9
9	5	2	6	4	7	3	8	1
4	3	1	5	9	8	7	2	6

89

9	6	7	2	1	3	8	5	4
1	5	2	6	8	4	7	9	3
3	8	4	9	5	7	6	2	1
4	9	5	7	6	2	1	3	8
7	1	8	3	4	5	2	6	9
6	2	3	1	9	8	5	4	7
2	3	1	4	7	6	9	8	5
5	4	9	8	2	1	3	7	6
8	7	6	5	3	9	4	1	2

90

5	3	1	9	6	8	4	7	2
7	4	2	5	3	1	9	8	6
8	6	9	2	4	7	3	5	1
6	8	3	7	9	5	1	2	4
1	2	5	4	8	6	7	3	9
9	7	4	3	1	2	8	6	5
2	9	7	1	5	3	6	4	8
4	5	6	8	7	9	2	1	3
3	1	8	6	2	4	5	9	7

SUDOKU

答

案

DAAN

91

3	9	2	5	6	8	1	4	7
8	7	5	4	1	3	2	6	9
4	6	1	9	2	7	3	8	5
6	1	4	2	8	5	7	9	3
2	5	7	3	4	9	8	1	6
9	8	3	1	7	6	4	5	2
1	4	9	6	3	2	5	7	8
5	3	8	7	9	1	6	2	4
7	2	6	8	5	4	9	3	1

92

3	5	8	1	9	6	2	7	4
1	4	9	2	7	5	3	6	8
6	2	7	8	3	4	9	1	5
5	7	6	4	2	9	8	3	1
8	9	1	3	5	7	4	2	6
2	3	4	6	1	8	7	5	9
7	1	5	9	4	2	6	8	3
9	8	3	7	6	1	5	4	2
4	6	2	5	8	3	1	9	7

93

3	7	9	6	5	8	4	2	1
4	6	8	2	7	1	5	9	3
5	2	1	4	9	3	8	6	7
9	4	3	8	6	7	2	1	5
2	5	7	9	1	4	3	8	6
8	1	6	3	2	5	9	7	4
6	9	5	7	4	2	1	3	8
1	8	2	5	3	6	7	4	9
7	3	4	1	8	9	6	5	2

94

6	3	1	7	4	9	5	8	2
7	8	4	2	6	5	1	9	3
5	9	2	1	3	8	6	4	7
2	7	9	4	5	1	3	6	8
8	5	3	6	7	2	9	1	4
1	4	6	8	9	3	2	7	5
4	2	8	3	1	6	7	5	9
9	6	7	5	2	4	8	3	1
3	1	5	9	8	7	4	2	6

答案

DAAN

95

8	1	7	3	5	4	6	9	2
6	5	9	1	8	2	7	4	3
2	3	4	9	6	7	1	8	5
9	4	8	2	1	3	5	7	6
1	7	6	5	4	8	2	3	9
5	2	3	7	9	6	4	1	8
4	6	1	8	2	9	3	5	7
3	8	2	4	7	5	9	6	1
7	9	5	6	3	1	8	2	4

96

9	3	7	4	2	8	1	5	6
6	1	8	9	5	3	7	2	4
2	4	5	6	7	1	8	9	3
5	6	2	3	1	7	9	4	8
3	9	1	2	8	4	5	6	7
7	8	4	5	6	9	3	1	2
1	2	9	8	3	6	4	7	5
4	5	3	7	9	2	6	8	1
8	7	6	1	4	5	2	3	9

97

9	7	5	8	1	6	2	4	3
8	4	1	2	7	3	5	9	6
2	3	6	5	4	9	7	1	8
6	8	2	4	5	7	9	3	1
1	5	4	9	3	8	6	2	7
3	9	7	1	6	2	4	8	5
5	1	3	6	9	4	8	7	2
4	6	8	7	2	1	3	5	9
7	2	9	3	8	5	1	6	4

98

1	6	9	7	4	2	8	3	5
4	7	8	5	6	3	1	9	2
5	2	3	1	8	9	4	6	7
3	9	4	8	2	1	7	5	6
6	8	2	4	7	5	3	1	9
7	5	1	3	9	6	2	4	8
8	1	5	9	3	7	6	2	4
9	4	6	2	1	8	5	7	3
2	3	7	6	5	4	9	8	1

99

4	1	2	8	7	9	6	5	3
3	7	5	4	6	1	8	2	9
6	8	9	3	2	5	1	4	7
9	4	1	2	5	8	3	7	6
2	5	6	1	3	7	4	9	8
8	3	7	6	9	4	5	1	2
5	2	8	9	1	6	7	3	4
7	9	4	5	8	3	2	6	1
1	6	3	7	4	2	9	8	5

100

1	5	2	3	8	7	4	6	9
7	3	6	4	9	1	5	2	8
4	8	9	5	6	2	7	3	1
6	1	7	2	5	9	3	8	4
5	9	3	1	4	8	6	7	2
2	4	8	7	3	6	9	1	5
3	2	1	9	7	4	8	5	6
8	7	4	6	2	5	1	9	3
9	6	5	8	1	3	2	4	7

101

3	1	6	8	7	9	5	4	2
9	4	2	1	6	5	3	7	8
7	8	5	3	2	4	9	6	1
5	7	1	4	9	8	2	3	6
6	3	4	2	5	1	7	8	9
8	2	9	7	3	6	4	1	5
1	9	8	5	4	7	6	2	3
2	6	7	9	1	3	8	5	4
4	5	3	6	8	2	1	9	7

校园挑战篇

102

8	3	1	5	7	6	2	9	4
9	4	7	1	2	8	3	5	6
5	2	6	9	3	4	8	1	7
1	5	3	7	9	2	6	4	8
6	7	2	8	4	5	9	3	1
4	8	9	3	6	1	7	2	5
3	1	8	2	5	7	4	6	9
2	6	5	4	8	9	1	7	3
7	9	4	6	1	3	5	8	2

103

2	7	4	8	6	3	5	9	1
5	6	3	1	2	9	4	8	7
8	1	9	7	4	5	6	3	2
4	5	2	3	8	6	1	7	9
9	3	6	5	7	1	2	4	8
7	8	1	2	9	4	3	6	5
1	4	7	6	5	8	9	2	3
3	9	8	4	1	2	7	5	6
6	2	5	9	3	7	8	1	4

104

9	3	5	2	1	6	4	8	7
6	8	1	7	4	5	2	9	3
7	4	2	8	3	9	6	5	1
2	5	3	9	7	1	8	4	6
1	6	9	4	8	2	7	3	5
4	7	8	5	6	3	9	1	2
8	1	4	6	5	7	3	2	9
3	9	6	1	2	4	5	7	8
5	2	7	3	9	8	1	6	4

105

1	5	9	8	6	7	4	3	2
4	3	8	9	5	2	6	7	1
6	2	7	3	4	1	8	5	9
9	8	1	5	7	4	2	6	3
2	7	3	6	9	8	5	1	4
5	4	6	2	1	3	9	8	7
8	9	4	7	3	5	1	2	6
3	1	5	4	2	6	7	9	8
7	6	2	1	8	9	3	4	5

106

3	7	9	6	4	2	5	1	8
2	8	6	1	5	3	7	4	9
1	5	4	7	9	8	2	3	6
9	2	1	3	6	4	8	7	5
4	3	5	8	7	9	6	2	1
7	6	8	2	1	5	3	9	4
6	9	3	4	8	7	1	5	2
5	1	2	9	3	6	4	8	7
8	4	7	5	2	1	9	6	3

107

1	6	5	4	2	7	3	8	9
9	2	8	6	3	1	7	4	5
7	3	4	8	9	5	6	1	2
2	5	6	9	7	8	1	3	4
4	7	1	5	6	3	9	2	8
3	8	9	1	4	2	5	7	6
5	1	2	7	8	6	4	9	3
8	9	7	3	5	4	2	6	1
6	4	3	2	1	9	8	5	7

108

7	1	5	3	2	9	4	6	8
3	8	2	4	6	7	1	5	9
6	9	4	8	5	1	3	7	2
1	5	3	2	7	8	6	9	4
9	4	8	5	1	6	7	2	3
2	7	6	9	4	3	5	8	1
8	2	7	6	3	4	9	1	5
5	3	1	7	9	2	8	4	6
4	6	9	1	8	5	2	3	7

109

3	1	7	4	8	5	9	6	2
8	6	9	3	7	2	1	4	5
5	2	4	6	9	1	7	3	8
4	7	1	9	2	3	5	8	6
2	8	5	7	6	4	3	9	1
6	9	3	5	1	8	4	2	7
9	5	6	8	4	7	2	1	3
7	4	2	1	3	6	8	5	9
1	3	8	2	5	9	6	7	4

110

1	8	6	7	3	4	5	2	9
7	5	2	9	6	1	8	4	3
9	3	4	5	8	2	1	6	7
8	7	3	6	4	5	9	1	2
6	4	9	1	2	8	7	3	5
5	2	1	3	9	7	4	8	6
3	1	8	2	7	9	6	5	4
2	9	5	4	1	6	3	7	8
4	6	7	8	5	3	2	9	1

111

6	1	4	9	7	2	8	5	3
2	5	8	4	6	3	1	9	7
3	9	7	5	8	1	2	4	6
5	8	3	1	4	6	7	2	9
7	4	9	8	2	5	3	6	1
1	2	6	3	9	7	4	8	5
4	7	2	6	1	9	5	3	8
9	3	1	2	5	8	6	7	4
8	6	5	7	3	4	9	1	2

112

4	3	6	8	5	7	1	2	9
7	8	9	1	3	2	5	6	4
2	5	1	4	6	9	7	3	8
8	9	2	5	1	6	4	7	3
3	1	5	9	7	4	6	8	2
6	4	7	3	2	8	9	1	5
9	7	4	2	8	1	3	5	6
5	6	8	7	4	3	2	9	1
1	2	3	6	9	5	8	4	7

113

6	8	9	1	2	5	7	4	3
7	3	5	9	4	8	6	1	2
1	4	2	6	3	7	9	8	5
8	2	1	5	6	9	3	7	4
9	7	6	3	1	4	2	5	8
3	5	4	7	8	2	1	9	6
4	9	3	8	7	6	5	2	1
5	1	8	2	9	3	4	6	7
2	6	7	4	5	1	8	3	9

114

1	8	5	6	4	3	7	9	2
4	3	2	7	8	9	5	6	1
9	6	7	5	2	1	8	3	4
7	2	8	3	5	4	6	1	9
6	1	3	9	7	2	4	8	5
5	9	4	8	1	6	3	2	7
8	4	1	2	6	7	9	5	3
3	7	6	1	9	5	2	4	8
2	5	9	4	3	8	1	7	6

SUDOK

答

案

DAAN

115

8	9	2	3	6	5	1	7	4
4	1	5	8	7	2	9	3	6
6	3	7	4	9	1	8	2	5
9	7	8	1	3	4	5	6	2
5	6	4	9	2	7	3	1	8
3	2	1	5	8	6	7	4	9
7	4	9	2	5	3	6	8	1
1	8	6	7	4	9	2	5	3
2	5	3	6	1	8	4	9	7

116

4	8	1	3	2	7	9	6	5
3	7	6	8	9	5	2	1	4
9	5	2	4	6	1	8	7	3
2	4	7	9	8	3	6	5	1
1	3	8	6	5	2	4	9	7
6	9	5	7	1	4	3	2	8
5	6	9	1	4	8	7	3	2
7	1	4	2	3	6	5	8	9
8	2	3	5	7	9	1	4	6

117

8	3	9	2	6	1	4	7	5
6	4	1	5	8	7	9	3	2
5	2	7	4	9	3	8	6	1
1	6	4	3	5	9	7	2	8
3	7	8	6	1	2	5	9	4
9	5	2	7	4	8	3	1	6
2	8	6	9	3	5	1	4	7
7	1	3	8	2	4	6	5	9
4	9	5	1	7	6	2	8	3

118

6	7	4	9	5	8	2	1	3
5	8	2	3	1	4	7	9	6
9	1	3	6	2	7	8	4	5
3	5	7	1	8	2	4	6	9
2	9	1	4	3	6	5	7	8
4	6	8	5	7	9	1	3	2
7	2	9	8	4	3	6	5	1
1	4	6	2	9	5	3	8	7
8	3	5	7	6	1	9	2	4

SUDOK

答

案

DAAN

119

5	4	1	2	8	6	9	3	7
6	8	9	7	3	1	2	4	5
2	7	3	5	4	9	8	1	6
3	2	4	8	7	5	1	6	9
8	9	5	1	6	4	7	2	3
7	1	6	3	9	2	5	8	4
1	3	7	6	5	8	4	9	2
4	6	8	9	2	7	3	5	1
9	5	2	4	1	3	6	7	8

120

3	2	8	4	1	7	9	5	6
7	9	1	6	5	3	4	2	8
6	4	5	8	9	2	7	1	3
4	6	3	1	2	8	5	9	7
5	7	2	9	4	6	3	8	1
1	8	9	7	3	5	6	4	2
2	3	7	5	8	9	1	6	4
9	1	6	2	7	4	8	3	5
8	5	4	3	6	1	2	7	9

1	4	5	3	2	7	9	6	8
7	3	6	8	1	9	5	2	4
2	9	8	6	4	5	3	1	7
9	8	7	1	3	2	4	5	6
5	2	1	9	6	4	8	7	3
3	6	4	5	7	8	2	9	1
4	7	3	2	9	1	6	8	5
6	5	2	7	8	3	1	4	9
8	1	9	4	5	6	7	3	2

122

3	6	7	1	2	5	9	8	4
9	8	4	7	3	6	1	5	2
1	5	2	4	9	8	7	3	6
7	4	9	6	1	3	5	2	8
5	1	6	8	4	2	3	7	9
8	2	3	5	7	9	4	6	1
6	7	5	9	8	4	2	1	3
4	3	8	2	5	1	6	9	7
2	9	1	3	6	7	8	4	5

SUDOK

答

案

DAAN

123

7	1	6	3	9	8	5	2	4
4	8	5	2	6	7	9	1	3
9	2	3	1	4	5	7	8	6
1	3	7	8	2	4	6	9	5
5	6	9	7	3	1	2	4	8
2	4	8	6	5	9	3	7	1
8	9	4	5	7	6	1	3	2
6	7	2	4	1	3	8	5	9
3	5	1	9	8	2	4	6	7

124

1	2	9	7	8	6	4	3	5
5	8	6	4	3	9	2	7	1
3	4	7	5	1	2	6	8	9
7	3	4	8	2	5	1	9	6
8	6	1	9	4	7	3	5	2
2	9	5	3	6	1	7	4	8
4	7	2	1	5	8	9	6	3
9	1	8	6	7	3	5	2	4
6	5	3	2	9	4	8	1	7

125

2	7	9	4	3	5	1	8	6
1	5	6	8	9	7	3	2	4
8	4	3	6	1	2	5	9	7
4	9	5	1	2	8	7	6	3
7	8	1	9	6	3	4	5	2
6	3	2	7	5	4	8	1	9
5	1	7	2	4	9	6	3	8
3	2	4	5	8	6	9	7	1
9	6	8	3	7	1	2	4	5

126

5	3	8	7	4	1	2	9	6
7	6	9	3	2	5	4	1	8
1	2	4	9	6	8	5	7	3
4	5	6	1	7	9	3	8	2
9	1	3	2	8	6	7	4	5
2	8	7	4	5	3	1	6	9
3	9	5	8	1	4	6	2	7
8	7	1	6	3	2	9	5	4
6	4	2	5	9	7	8	3	1

127

3	7	9	8	6	2	5	1	4
6	4	5	9	7	1	8	3	2
2	8	1	5	3	4	6	9	7
7	9	4	2	8	5	1	6	3
8	3	2	6	1	9	4	7	5
1	5	6	3	4	7	9	2	8
9	6	7	4	5	3	2	8	1
5	1	8	7	2	6	3	4	9
4	2	3	1	9	8	7	5	6

128

7	2	3	6	1	4	9	8	5
6	8	9	5	7	2	3	4	1
1	5	4	8	3	9	2	7	6
8	4	1	7	2	5	6	3	9
5	9	7	3	6	8	4	1	2
2	3	6	4	9	1	8	5	7
4	1	5	2	8	6	7	9	3
3	6	8	9	5	7	1	2	4
9	7	2	1	4	3	5	6	8

129

9	5	4	2	1	7	3	8	6
2	3	1	6	8	9	7	5	4
6	8	7	4	3	5	9	2	1
5	7	8	3	6	4	2	1	9
3	1	6	9	2	8	5	4	7
4	9	2	7	5	1	6	3	8
1	2	5	8	9	6	4	7	3
7	6	3	1	4	2	8	9	5
8	4	9	5	7	3	1	6	2

130

5	1	2	9	8	3	4	6	7
4	6	9	7	2	1	8	5	3
7	8	3	5	4	6	9	2	1
1	7	6	8	9	2	3	4	5
9	2	8	4	3	5	1	7	6
3	5	4	1	6	7	2	9	8
2	4	7	3	5	8	6	1	9
8	9	5	6	1	4	7	3	2
6	3	1	2	7	9	5	8	4

131

5	6	4	2	3	8	1	9	7
9	8	1	5	7	4	2	3	6
7	2	3	9	6	1	4	5	8
3	5	8	1	9	6	7	4	2
6	4	7	3	8	2	9	1	5
2	1	9	7	4	5	6	8	3
8	7	2	4	1	3	5	6	9
4	9	6	8	5	7	3	2	1
1	3	5	6	2	9	8	7	4

132

7	9	4	2	8	5	1	6	3
3	1	2	9	7	6	8	5	4
5	6	8	4	1	3	2	7	9
6	5	1	7	9	4	3	2	8
4	2	9	5	3	8	7	1	6
8	7	3	1	6	2	4	9	5
1	8	5	3	2	9	6	4	7
2	4	6	8	5	7	9	3	1
9	3	7	6	4	1	5	8	2

133

2	6	8	3	1	7	5	9	4
9	4	3	6	5	8	2	1	7
5	1	7	4	2	9	3	8	6
4	9	1	7	6	5	8	2	3
7	3	5	1	8	2	6	4	9
6	8	2	9	3	4	1	7	5
1	2	9	5	4	6	7	3	8
8	5	4	2	7	3	9	6	1
3	7	6	8	9	1	4	5	2

134

1	9	8	2	4	7	5	3	6
4	2	6	5	9	3	1	7	8
5	7	3	6	8	1	9	2	4
6	1	5	4	2	8	3	9	7
3	8	2	7	5	9	4	6	1
9	4	7	3	1	6	8	5	2
8	5	4	9	6	2	7	1	3
7	6	9	1	3	4	2	8	5
2	3	1	8	7	5	6	4	9

SUDOKU

答

案

◀

DAAN